MEUBLES ANCIENS

DÉPENDANT

De la liquidation de M. NORMAND

BUSTE DE VOLTAIRE, PAR HOUDON
EN BRONZE

Me M. DELESTRE, commissaire-priseur
M. B. LASQUIN, expert.

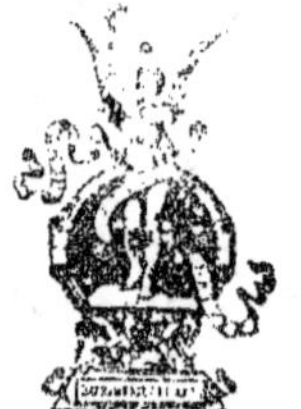

CATALOGUE

DE

MEUBLES ANCIENS

DÉPENDANT

De la liquidation de M. NORMAND

BUREAUX, BIBLIOTHÈQUES, COMMODES, SECRÉTAIRES, ARMOIRES

Des XVIIe et XVIIIe siècles

BEAU BUSTE DE VOLTAIRE par HOUDON

EN BRONZE DU XVIIIe SIÈCLE

HOTEL DROUOT, SALLE N° I
LE MARDI 11 JUIN 1901
A DEUX HEURES

COMMISSAIRE-PRISEUR	EXPERT
Me MAURICE DELESTRE	**M. B. LASQUIN**
5, rue Saint-Georges	12, rue Laffitte

Chez lesquels se trouve le présent Catalogue

EXPOSITION PUBLIQUE
Le Lundi 10 Juin 1901, de 1 heure 1/2 à 6 heures

CONDITIONS DE LA VENTE

Elle sera faite au comptant.

Les acquéreurs paieront *dix pour cent* en sus des prix d'adjudication.

L'exposition mettant le public à même de se rendre compte de l'état des objets, il ne sera admis aucune réclamation l'adjudication prononcée.

N. B. — Tous les meubles décrits dans le présent catalogue sont anciens, la plupart ont été restaurés à neuf par M. NORMAND, mais en conservant les placages anciens. Ces travaux de restauration ont été exécutés avec la conscience et le talent qui ont valu à M. NORMAND la confiance de sa nombreuse clientèle.

Paris. — Imp. de l'Art, E. Moreau et Cⁱᵉ, 41, rue de la Victoire.

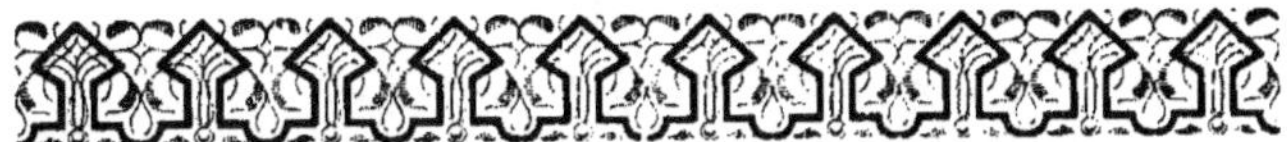

DÉSIGNATION

BRONZE DE HOUDON

1 — Buste de Voltaire âgé, grandeur nature, en bronze à patine brune, du XVIII° siècle, portant la signature de *Houdon* et la date *1778*. Il repose sur un piédouche à base carrée en bronze, avec socle en porphyre oriental portant les vers suivants gravés en caractères de l'époque sur une plaque de cuivre :

> L'âme est un feu qu'il faut nourrir
> Et qui s'éteint s'il ne s'augmente.

Hauteur du bronze, 45 cent.
Hauteur totale, 48 cent. 1 2.

MEUBLES ANCIENS

2 — Beau bureau, de l'époque Louis XV, à huit pieds, et à cylindre en bois satiné, marqueté à losanges et quadrillages. Il porte l'estampille d'*Autriche*, maître ébéniste.

3 — Belle bibliothèque Louis XVI en bois d'acajou, à montants cannelés de cuivre, et ouvrant à deux portes, garnies de leurs serrures et ferrures anciennes. Ce meuble est monté à vis.

4 — Meuble semblable au précédent.

5 — Charmante petite armoire-chiffonnière Régence, de forme carrée et galbée sur tous les côtés, en marqueterie de bois satiné en quadrillages. Les quatre montants sont à gorges et à ressauts. Elle ouvre à une porte et l'intérieur renferme sept tiroirs.

6 — Petite armoire de même forme que la précédente, en bois de rose. L'intérieur renferme cinq tiroirs cintrés. Clef ancienne en fer ciselé.

7 — Beau buffet à deux corps, de l'époque Louis XIV, en chêne sculpté, à feuillages et moulures contournées. Il est garni de ses ferrures anciennes. Le bas est, en outre, muni de deux portes sur les côtés.

8 — Bureau plat Louis XIV, à contours, avec pieds cambrés à gorges, en placage de bois satiné.

9 — Grande armoire vitrée, de l'époque Louis XIV, à deux portes, placage de bois de palissandre et de bois satiné. Garnie de ses anciennes ferrures.

10 — Bureau, de l'époque Louis XV, en bois de
placage et marqueterie, à fleurs et filets de grecques. Il ouvre à cylindre et contient deux rangs
de tiroirs.

11 — Buffet Louis XVI, ouvrant à deux portes, en
marqueterie de bois de rose et bois amarante,
à filets et quadrillages. Dessus de marbre.

12 — Belle armoire Louis XV, en acajou massif,
ouvrant à deux portes, à moulures contournées, garnie de ses anciennes ferrures.

13 — Beau bureau ministre de l'époque Louis XVI,
à double faces et à montants cannelés, en bois
d'acajou ciré. La ceinture renferme trois tiroirs
et deux tablettes à tirettes. Il est garni de moulures et de rosaces en cuivre fondu rapportées.
Le revers est à secret et s'ouvre par un faux
tiroir à coulisse.

14 — Petit secrétaire Louis XV, en bois amarante
et bois d'érable, marqueté à vases et tiges de
fleurs. Le bas, à deux portes, est séparé de
l'abattant par un tiroir. Ce meuble porte une
estampille de maître ébéniste.

15 — Petit bureau Louis XV, à cylindre, en placage
de bois de rose, marqueté à filets et grecques,
garni de bronzes.

16 — Armoire étroite Louis XV, ouvrant à une
porte, en bois de rose et bois de violette, à
petits pieds cambrés et ornée de bronzes.

17 — Buffet Louis XIV à deux corps, en chêne
sculpté, à grosses moulures, avec fronton cintré,
orné de motifs de feuillages.

18 — Bureau, de l'époque Louis XVI, ouvrant à
cylindre et surmonté d'une vitrine en bois d'acajou. Tiroir à caisse et tablettes sur les côtés.
Le dessus est entouré d'une galerie de cuivre.

19 — Bibliothèque Louis XV, en placage de bois de
rose, de bois satiné et bois de violette. Ornée
de bronzes.

20 — Commode Régence, à contours, trois rangs de
tiroirs en bois de rose et bois de violette, ornée de
bronzes : chutes, poignées, entrées de serrures,
sabots. Dessus de marbre rattaché. Elle porte
l'estampille *Boudin*, maître ébéniste.

21 — Bibliothèque Louis XVI, à deux portes vitrées,
en acajou massif et à montants cannelés et
corniches moulurées.

22 — Petit chiffonnier Louis XV, à six tiroirs, en
bois de rose, encadré de bois de violette. Dessus
de marbre.

23 — Petit bureau plat Louis XVI, en acajou, garni de baguettes de cuivre, avec tablettes à tirettes.

24 — Petite commode Louis XVI, à trois tiroirs, en amarante et citronnier, garnie de baguettes de cuivre. Dessus de marbre à galerie.

25 — Secrétaire, de l'époque Louis XVI, en bois d'acajou à baguettes de cuivre ; le haut ouvre à deux portes, le bas est à trois tiroirs.

26 — Grande armoire Empire, à deux portes pleines, en bois d'acajou frisé, en loupe et citronnier.

27 — Une console, de l'époque Louis XVI, à côtés arrondis, en bois d'acajou, à pieds cannelés et fuselés, avec tablettes d'entrejambes. Dessus de marbre blanc, avec galerie de cuivre. Ce meuble porte l'estampille de *Berkel*, maître ébéniste.

28 — Un secrétaire Empire, en acajou, à trois tiroirs dans le bas, garni d'anneaux à têtes de lions.

29 — Un petit bureau Louis XVI, à cylindre en bois d'acajou. Dessus de marbre.

30 — Commode Louis XVI, à trois rangs de tiroirs, en bois d'acajou. Dessus de marbre. Serrure à trèfle.

31 — Secrétaire Louis XVI, en acajou, à cannelures et moulures de cuivre. Dessus de marbre.

32 — Buffet Louis XIV, à deux corps, en chêne, à moulures et montants cannelés.

33 — Commode Louis XV, à contours, en plaçage de bois de rose et de violette. à trois rangs de tiroirs, garnie de bronzes. Dessus de marbre.

34 — Beau buffet Louis XV, à deux corps, forme galbée, en chêne sculpté, à ornements rocailles, fleurs et moulures.

35 — Petit secrétaire Louis XVI, en bois d'acajou et bois de citronnier, à montants cannelés. Dessus de marbre blanc avec galerie de cuivre.

36 — Table-bureau Louis XVI. à pieds carrés, en acajou. garni de rangs de perles. de bandes strillées en cuivre.

37 — Petit chiffonnier Louis XVI, en acajou et citronnier. à angles coupés il ouvre à trois tiroirs et une porte dans le bas. Dessus en brèche d'Alep.

38 — Commode Louis XIII. à trois rangs de tiroirs. pans coupés et pieds boules. Entièrement couverte de marqueterie de bois, à fleurs et garnie de bronzes.

39 — Table de nuit Louis XVI, forme ovale, en acajou, à tablettes et dessus de marbre blanc, entouré de galerie de cuivre doré. Montants

garnis de cannelures de cuivre et encadrements
de rangs de perles en bronze doré.

40 — Buffet Louis XIV, en noyer.

41 — Armoire vitrée Louis XVI, en acajou ciré, à
montants cannelés et fines moulures. Elle ouvre
à une porte.

42 — Cabinet Louis XIII, en ébène, à moulures
guillochées ; l'intérieur renferme six rangs de
tiroirs gravés, et un tabernacle en marqueterie
de bois et ivoire. Support à pieds tournés.

43 — Commode Louis XV, à contours, à trois rangs
de tiroirs, en bois de placage, garnie de chutes
et poignées en bronze. Dessus de marbre des
Pyrénées.

44 — Bibliothèque Empire, en acajou, ouvrant à
deux portes.

45 — Commode Louis XIV, à trois rangs de tiroirs,
angles arrondis et dessus en bois marqueté,
garnie de poignées en bronze.

46 — Armoire Louis XVI, à deux portes pleines,
en bois d'acajou, à montants cannelés et corniches moulurées.

47 — Petite commode Louis XVI, en acajou, trois rangs de tiroirs, angles cannelés. Estampillée de *G. M. Leclerc*, maitre ébéniste.

48 — Commode Louis XVI, en acajou, filets de cuivre. Dessus de marbre.

49 — Table à jouer Empire, en acajou.

50 — Commode Louis XVI incomplète, en bois de placage, marquetée à filet.

51 — Secrétaire Louis XVI en acajou, montants cannelés.

52 — Commode Louis XIII, à quatre rangs de tiroirs, en marqueterie de bois.

53 — Commode Louis XVI en acajou. Dessus de marbre.

54 — Commode Louis XIV, quatre rangs de tiroirs, bois de rose et de violette. Dessus de marbre brèche.

55 — Commode Louis XVI, marqueterie à cartouches et filets. Dessus de marbre.

56 — Console Empire en bois doré.

56 — Chiffonnier Louis XV, à six tiroirs, en noyer rougi, garni de bronzes.

58 — Petite vitrine Louis XIV, à deux portes, en bois noir, à filets de cuivre.

59 — Petite table-coiffeuse Louis XVI, en acajou.

60 — Table de bouillotte, à trois tablettes, en acajou, de l'époque de l'Empire.

61 — Petit bureau Louis XV, dit à dos d'âne, en bois satiné. Il est garni de bronzes rapportés et d'une plaque en porcelaine décorée.

62 — Petite console Louis XVI, en acajou, à un tiroir et une tablette d'entrejambes, avec marbre blanc et galerie de cuivre.

63 — Petite servante Louis XVI, en acajou.

64 — Chiffonnier à huit tiroirs Louis XV, en bois noir, filets de cuivre.

66 — Petite tablette à jouer Louis XV, en marqueterie.

67 — Petit tabouret carré Louis XV.

68 — Bois de chaise Louis XVI.

69 — Petite table-chiffonnière à trois tiroirs, en marqueterie de bois de placage.

70 — Une petite table en placage de palissandre et marqueterie, avec un tiroir sur le côté.

71 — Table de nuit, de l'époque Louis XVI, en acajou avec porte à brisures. Dessus de marbre blanc, entouré d'une galerie de cuivre.

72 — Petite table à ouvrage Louis XV, en bois de rose.

73 — Secrétaire en marqueterie et bois de placage, de l'époque Louis XVI, et à pans coupés. Dessus de marbre.

74 — Table à jouer à pieds fuselés, en acajou, avec baguettes de cuivre.

75 — Table-bureau Louis XVI, en acajou, à baguettes de cuivre.

76 — Couchette, Louis XVI, à colonnes cannelées détachées en bois sculpté, peint en blanc.

77 — Couchette de l'époque Louis XVI, à colonnettes cannelées, détachées en bois d'acajou, façon *Jacob*.

78 — Une petite malle Louis XIII, en bois de violette.

79 — Couchette Directoire, à colonnettes cannelées, en bois peint en noir.

80 — Petit cadre Louis XV, bois sculpté.

81 — Petit miroir, à bordure Louis XIII, en cuivre estampé.

82 — Miroir dans une bordure Louis XVI, en bois sculpté.

83 — Cadre Louis XIII, en bois sculpté, à feuillages.

84 — Petite glace dans un cadre Louis XIV, en bois doré.

85 — Bergère Directoire, en acajou sculpté, garnie de velours frappé jaune.

86 — Deux chaises Louis XVI, forme carrée.

87 — Fauteuil Louis XVI, dossier médaillon.

88 — Bergère Louis XVI, dossier arrondi.

89 — Fauteuil Louis XV, en bois sculpté, dossier médaillon.

90 — Un fauteuil Louis XVI, dossier carré.

91 — Fauteuil Louis XVI, dossier écusson.

92 — Banquette Louis XVI, à pieds fuselés.

93 — Fauteuil Louis XIII, en bois naturel, garni de
cretonne, pieds à croisillons.

94 — Morceau de bordure de tapisserie ancienne,
représentant un faune.

95 — Petite pendule de cartonnier, de l'époque
Louis XV, en bois de placage, garni de bronzes.
Mouvement à réveil.

96 — Pendule Empire, en bronze doré : l'Amour et
Psyché.

97 — Petite pendule Louis XVI, en marbre blanc,
marbre noir et bronze doré. Le cadran placé
entre deux pyramides.

98 — Pendule, de l'époque Louis XV, et son socle
de suspension en bois noir, garnis de bronzes.
offrant le sujet de la fable de La Fontaine : le
Renard et le Corbeau, des figures d'amours,
des ornements rocaillés et des feuillages.

99 — Quatre portes d'armoires Louis XIV, à moulures avec charnières à double évolutions.

100 — Lot considérable d'ornements de bronze et
cuivre pour garnitures de meubles anciens.
Chutes, poignées, entrées de serrures, bracelets,
sabots, têtes de sphinx, têtes de béliers, etc.
(Ce lot sera divisé.)

101 — Deux chutes à cariatides de femmes, pre-
mière partie et contre-partie de 0,25 cent. de
hauteur.

102 — Deux miniatures : homme et femme, dans
des cadres noirs.

103 — Quatre morceaux de chêne sculpté.

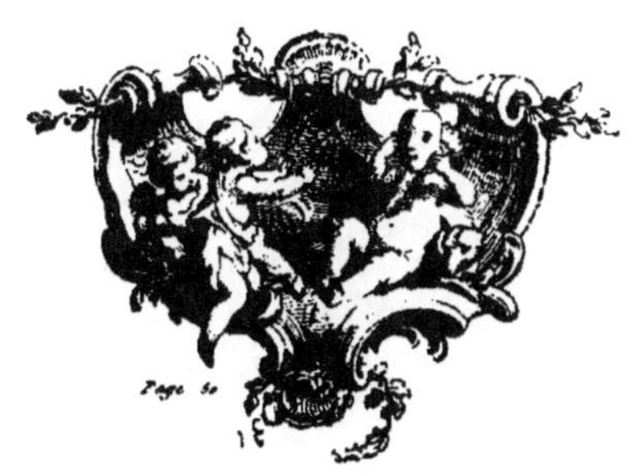